AF219212

Impressum
Verlag: BABADADA GmbH, Nedderfeld 112 , 22529 Hamburg
Geschäftsführer / Verlagsleitung: Harald Hof
Druck: Books on Demand GmbH, In de Tarpen 42, 22848 Norderstedt

Imprint
Publisher: BABADADA GmbH, Nedderfeld 112 , 22529 Hamburg, Germany
Managing Director / Publishing direction: Harald Hof
Print: Books on Demand GmbH, In de Tarpen 42, 22848 Norderstedt

1

school

kool

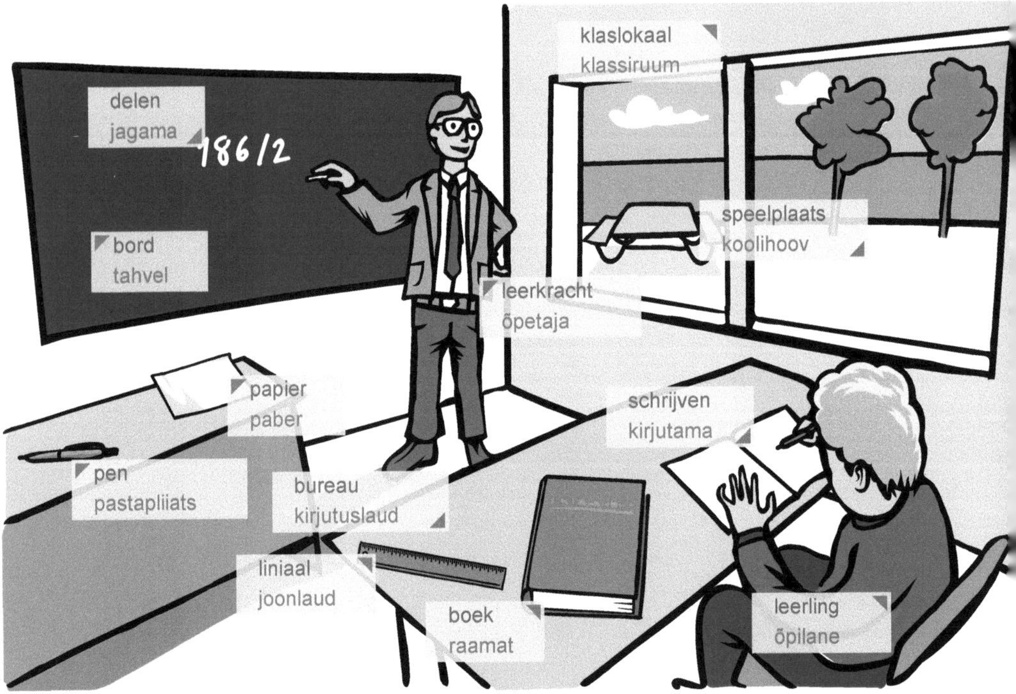

klaslokaal
klassiruum
delen
jagama
186/2
bord
tahvel
speelplaats
koolihoov
leerkracht
õpetaja
papier
paber
schrijven
kirjutama
pen
pastapliiats
bureau
kirjutuslaud
liniaal
joonlaud
boek
raamat
leerling
õpilane

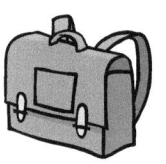

schooltas
....
koolikott

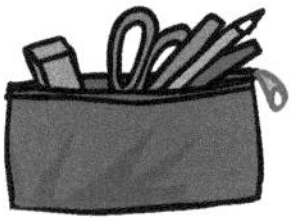

pennenzak
....
pinal

potlood
....
harilik pliiats

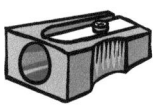

puntenslijper
....
pliiatsiteritaja

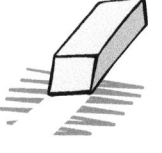

gom
....
kustukumm

tekenblok
....
joonistusplokk

tekening
joonistus

verfborstel
pintsel

verfdoos
värvikarp

schaar
käärid

lijm
liim

werkboek
töövihik

huiswerk
kodutöö

nummer
number

2+2

optellen
liitma

aftrekken
lahutama

vermenigvuldigen
korrutama

rekenen
arvutama

letter
täht

alfabet
tähestik

woord
sõna

tekst
tekst

Lezen
lugema

krijt
kriit

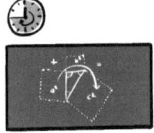

les
koolitund

klassenboek
klassipäevik

examen
eksam

certificaat
tunnistus

schooluniform
koolivorm

onderwijs
haridus

encyclopedie
entsüklopeedia

universiteit
ülikool

microscoop
mikroskoop

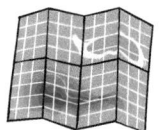

kaart
kaart

papiermand
paberikorv

reis

reisimine

hotel
hotell
Grand
jeugdherberg
hostel
ROOMS
wisselkantoor
valuutavahetuspunkt
EXCHANGE
koffer
kohver
auto
auto

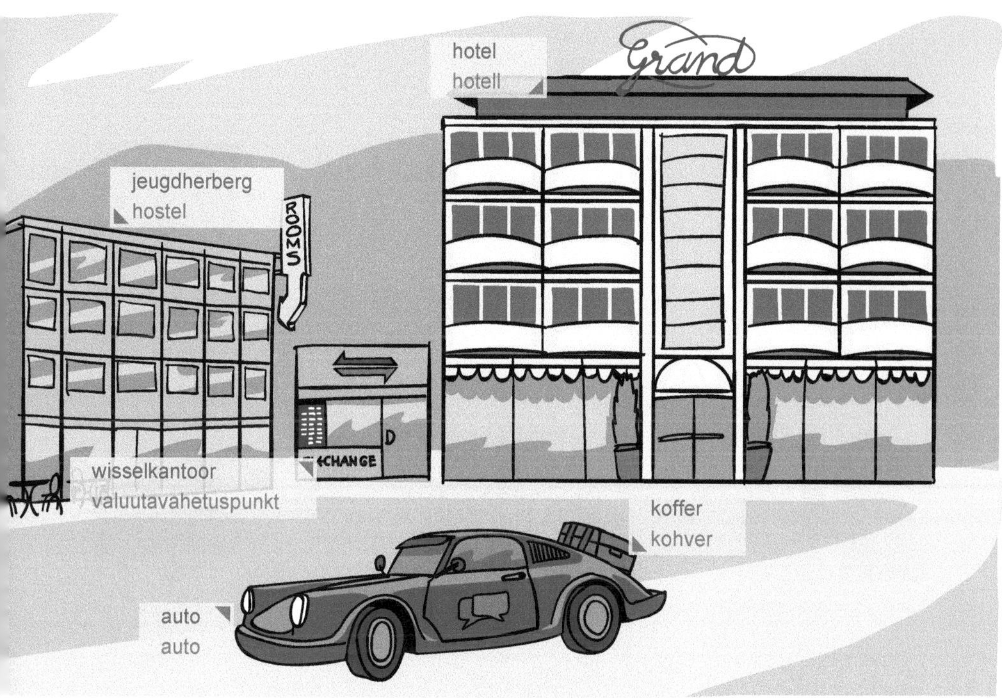

Taal

keel

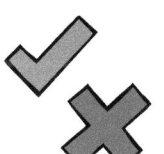

ja / nee

jah / ei

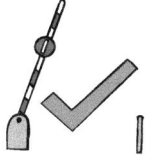

oké

okei

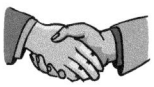

hallo

Tere!

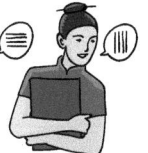

vertaler

tõlk

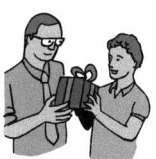

bedankt

Aitäh!

Hoeveel kost …?

Kui palju maksab …?

Ik begrijp het niet

Ma ei saa aru

probleem

probleem

Goedenavond!

Tere õhtust!

Goedemorgen!

Tere hommikust!

Goedenavond!

Head ööd!

Tot ziens

Head aega!

richting

suund

bagage

pagas

zak

kott

rugzak

seljakott

gast

külaline

kamer

tuba

slaapzak

magamiskott

tent

telk

toeristeninformatie
turismiinfo

strand
rand

kredietkaart
krediitkaart

ontbijt
hommikusöök

lunch
lõunasöök

avondeten
õhtusöök

ticket
pilet

lift
lift

postzegel
postmark

grens
riigipiir

douane
toll

ambassade
saatkond

visum
viisa

paspoort
pass

transport

transport

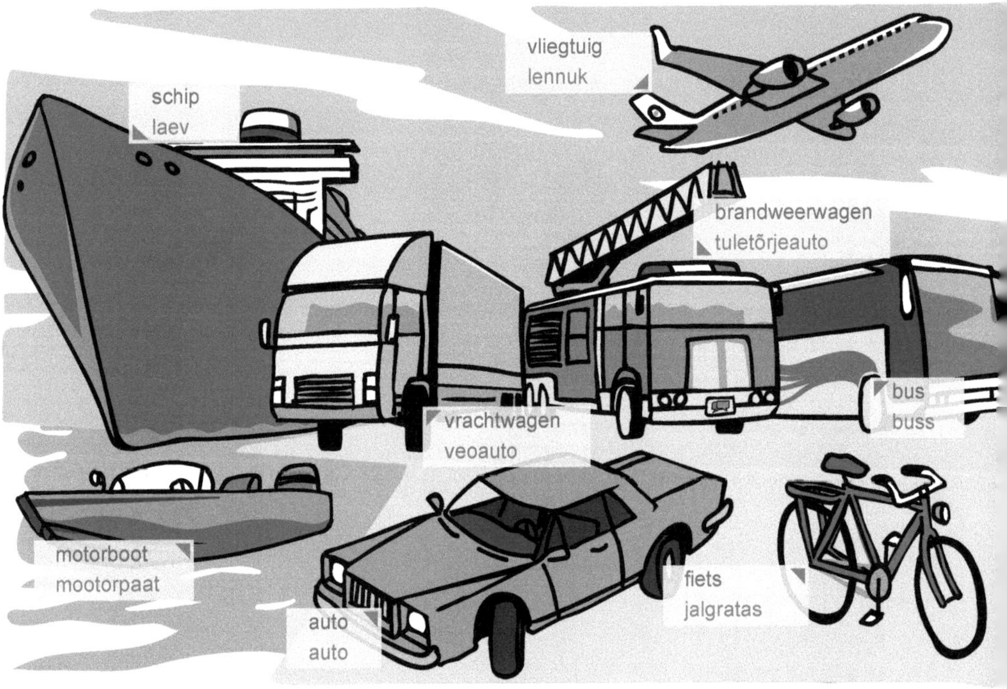
vliegtuig
lennuk
schip
laev
brandweerwagen
tuletõrjeauto
bus
buss
vrachtwagen
veoauto
motorboot
mootorpaat
fiets
jalgratas
auto
auto

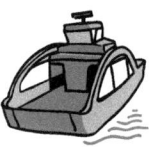

veerboot

praam

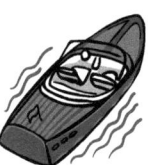

boot

paat

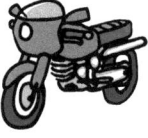

motor

mootorratas

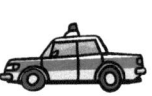

politiewagen

politseiauto

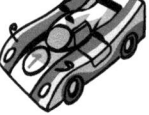

racewagen

võidusõiduauto

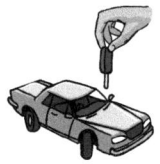

huurauto

rendiauto

carpoolen

ühisauto

sleepwagen

puksiirauto

vuilniswagen

prügiauto

motor

mootor

benzine

kütus

benzinestation

tankla

verkeersbord

liiklusmärk

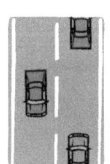

verkeer

liiklus

file

liiklusummik

parkeerplaats

parkla

station

raudteejaam

sporen

rööpad

trein

rong

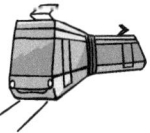

tram

tramm

wagon

vagun

helikopter
helikopter

luchthaven
lennujaam

toren
torn

passagier
reisija

container
konteiner

karton
pappkast

kar
käru

mand
korv

opstijgen / landen
õhku tõusma / maanduma

stad
linn

dorp
küla

stadscentrum
kesklinn

huis
maja

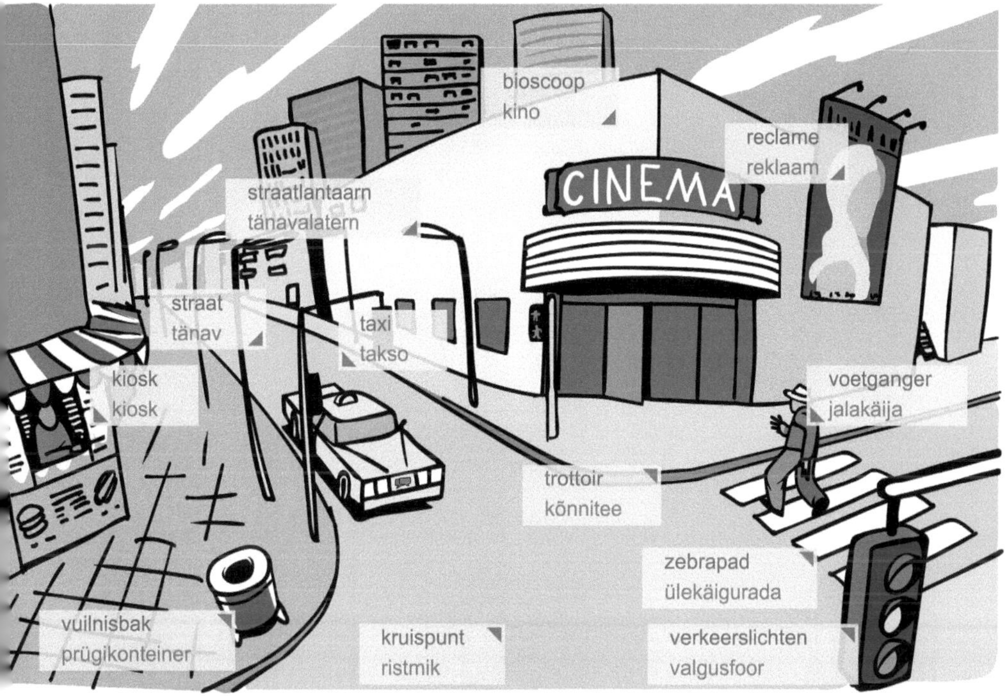

bioscoop
kino

reclame
reklaam

straatlantaarn
tänavalatern

CINEMA

straat
tänav

taxi
takso

voetganger
jalakäija

kiosk
kiosk

trottoir
kõnnitee

zebrapad
ülekäigurada

vuilnisbak
prügikonteiner

kruispunt
ristmik

verkeerslichten
valgusfoor

hut

osmik

woning

kortermaja

station

raudteejaam

stadshuis

raekoda

museum

muuseum

school

kool

stad - linn

universiteit

ülikool

bank

pank

ziekenhuis

haigla

hotel

hotell

apotheek

apteek

kantoor

kontor

boekwinkel

raamatupood

winkel

kauplus

bloemenwinkel

lillepood

supermarkt

supermarket

markt

turg

warenhuis

kaubamaja

vishandelaar

kalapood

winkelcentrum

kaubanduskeskus

haven

sadam

park
park

bank
pink

brug
sild

trap
trepp

metro
metroo

tunnel
tunnel

bushalte
bussipeatus

bar
baar

restaurant
restoran

brievenbus
postkast

straatnaambord
tänavasilt

parkeermeter
parkimisautomaat

zoo
loomaaed

zwembad
ujula

moskee
mošee

boerderij
talu

milieuverontreiniging
reostus

kerkhof
surnuaed

kerk
kirik

speelplaats
mänguväljak

tempel
tempel

landschap

maastik

blad
leht

wegwijzer
teeviit

weg
tee

weide
aas

steen
kivi

boom
puu

wandelaar
matkaja

rivier
jõgi

gras
rohi

bloem
lill

vallei
org

heuvel
mägi

meer
järv

bos
mets

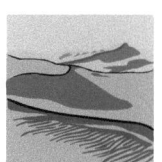

woestijn
kõrb

vulkaan
vulkaan

kasteel
linnus

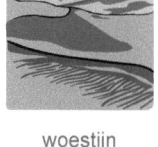

regenboog
vikerkaar

paddenstoel
seen

palmboom
palm

mug
sääsk

vlieg
kärbes

mier
sipelgas

bijl
mesilane

spin
ämblik

kever

mardikas

kikker

konn

eekhoorn

orav

egel

siil

haas

jänes

uil

öökull

vogel

lind

zwaan

luik

wild zwijn

metssiga

hert

hirv

eland

põder

dam

pais

windturbine

tuuleturbiin

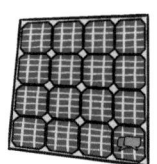

zonnepaneel

päikesepaneel

klimaat

kliima

landschap - maastik

restaurant
restoran

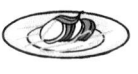

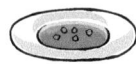

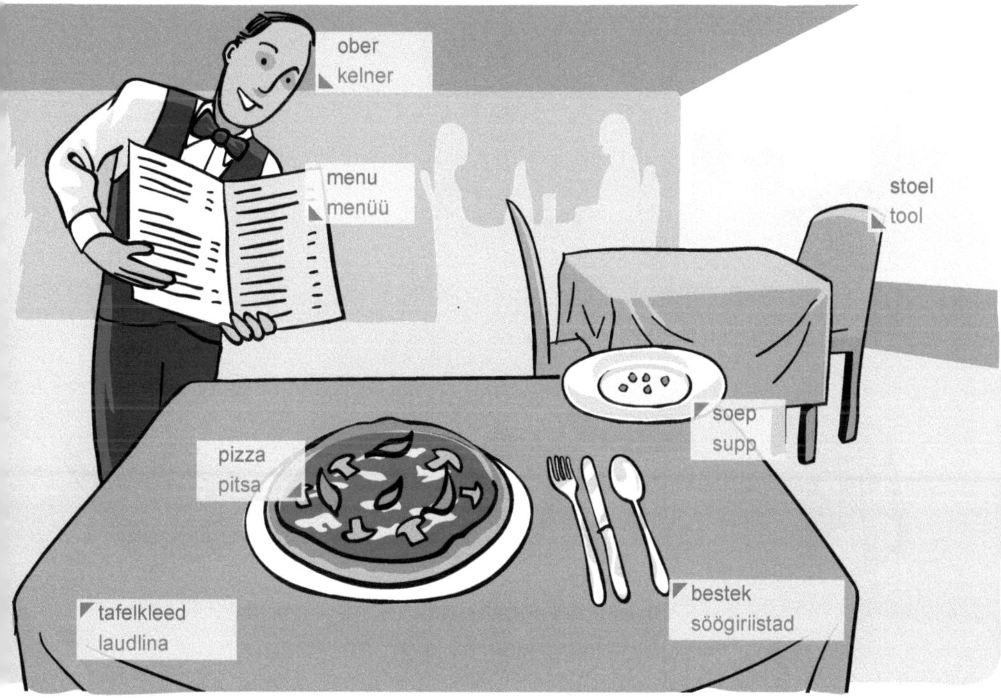
ober
kelner
menu
menüü
stoel
tool
soep
supp
pizza
pitsa
bestek
söögiriistad
tafelkleed
laudlina

voorgerecht

eelroog

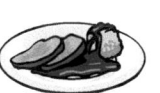

hoofdgerecht

pearoog

nagerecht

magustoit

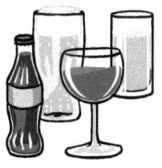

drankjes

joogid

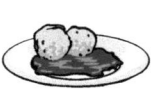

eten

toit

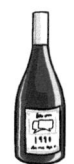

fles

pudel

fastfood

kiirtoit

street food

tänavatoit

theepot

teekann

suikerpot

suhkrutoos

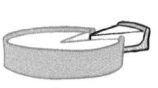

portie

portsjon

espressomachine

espressomasin

kinderstoel

lastetool

rekening

arve

dienblad

kandik

mes

nuga

vork

kahvel

lepel

lusikas

theelepel

teelusikas

serviette

salvrätik

glas

klaas

restaurant - restoran

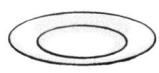

bord
taldrik

soepbord
supitaldrik

schoteltje
alustass

saus
kaste

zoutvatje
soolatoos

pepermolen
pipraveski

azijn
äädikas

olie
õli

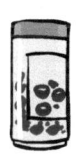

kruiden
vürtsid

ketchup
ketšup

mosterd
sinep

mayonaise
majonees

supermarkt
supermarket

aanbieding
eripakkumine
FOR
klant
klient
zuivelproducten
piimatooted
fruit
puuviljad
winkelwagen
ostukäru

BUTCHERS

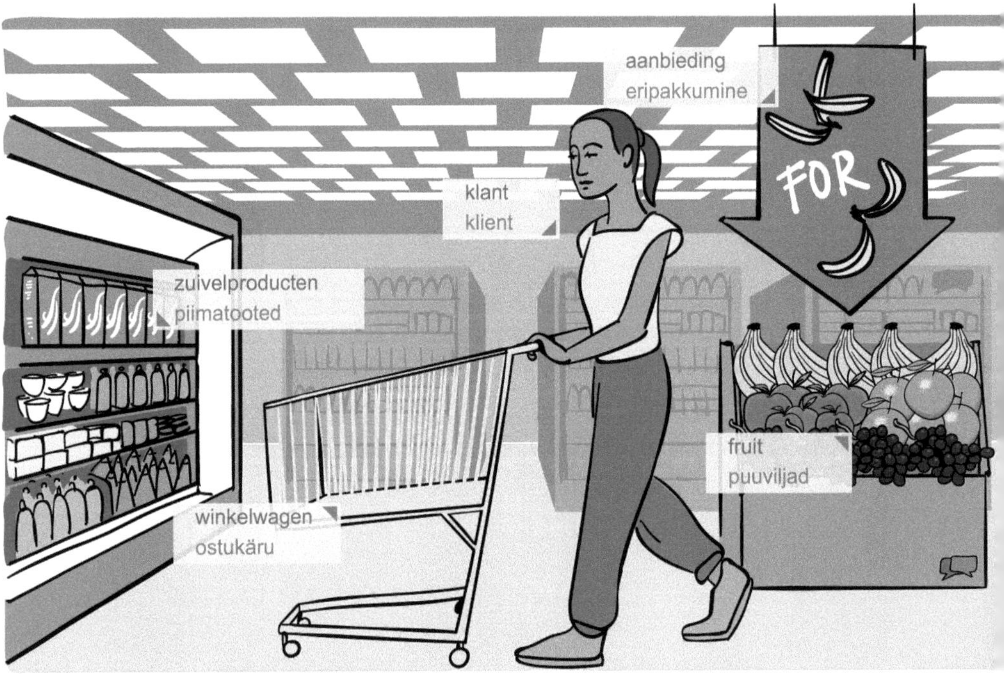

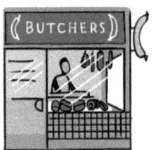

slagerij

lihapood

BAKERY

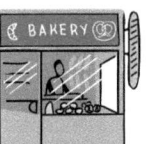

bakkerij

pagariäri

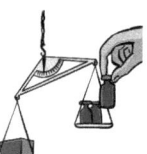

wegen

kaaluma

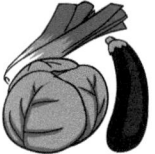

groenten

köögiviljad

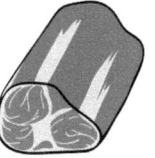

vlees

liha

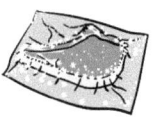

diepvriesvoedsel

külmutatud toit

charcuterie

lihalõigud

conserven

konservid

waspoeder

pesupulber

snoep

maiustused

huishoudproducten

majatarbed

schoonmaakproducten

puhastustooted

verkoopster

müüja

kassa

kassaaparaat

kassier

kassapidaja

boodschappenlijstje

ostunimekiri

openingstijden

lahtiolekuajad

portefeuille

rahakott

kredietkaart

krediitkaart

tas

kott

plastieken zakje

kilekott

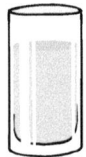

water

vesi

sap

mahl

melk

piim

cola

koola

wijn

vein

bier

õlu

alcohol

alkohol

cacao

kakao

thee

tee

koffie

kohv

espresso

espresso

cappuccino

cappuccino

banaan
banaan

appel
õun

sinaasappel
apelsin

meloen
arbuus

citroen
sidrun

wortel
porgand

knoflook
küüslauk

bamboe
bambus

ajuin
sibul

champignon
seen

noten
pähklid

noodles
nuudlid

spaghetti

spagetid

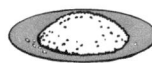

rijst

riis

salade

salat

frieten

friikartulid

gebakken aardappelen

praekartulid

pizza

pitsa

hamburger

hamburger

sandwich

võileib

kalfslapje

šnitsel

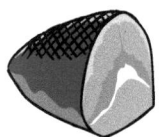

ham

sink

salami

salaami

worst

vorst

kip

kana

braden

praeliha

vis

kala

havervlokken

kaerahelbed

muesli

müsli

cornflakes

maisihelbed

bloem

jahu

croissant

sarvesai

pistolet

kukkel

brood

leib

toast

röstsai

koekjes

küpsised

boter

või

kwark

kohupiim

taart

kook

ei

muna

spiegelei

praemuna

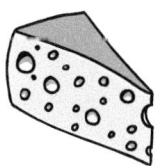

kaas

juust

ijs

jäätis

suiker

suhkur

honing

mesi

confituur

moos

choco

pähklivõie

curry

karri

boerderij
talumaja

schuur
laut

strobaal
heinapall

veld
põld

paard
hobune

aanhangwagen
järelkäru

tractor
traktor

veulen
varss

ezel
eesel

lam
lambatall

schaap
lammas

geit

kits

koe

lehm

kalf

vasikas

varken

siga

biggetje

põrsas

stier

pull

gans

hani

eend

part

kuiken

tibu

kip

kana

haan

kukk

rat

rott

kat

kass

muis

hiir

os

härg

hond

koer

hondenhok

koerakuut

tuinslang

aiavoolik

gieter

kastekann

zeis

vikat

ploeg

ader

sikkel

sirp

schoffel

kõblas

hooivork

hang

bijl

kirves

kruiwagen

käru

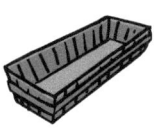

trog

küna

melkkan

piimanõu

zak

kott

hek

tara

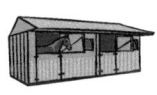

stal

tall

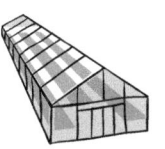

broeikas

kasvuhoone

bodem

muld

zaad

seeme

mest

väetis

maaidorser

kombain

oogsten

saaki koristama

oogst

saagikoristus

yam

jamss

tarwe

nisu

soja

soja

aardappel

kartul

maïs

mais

koolzaad

raps

fruitboom

viljapuu

maniok

maniokk

graan

teravili

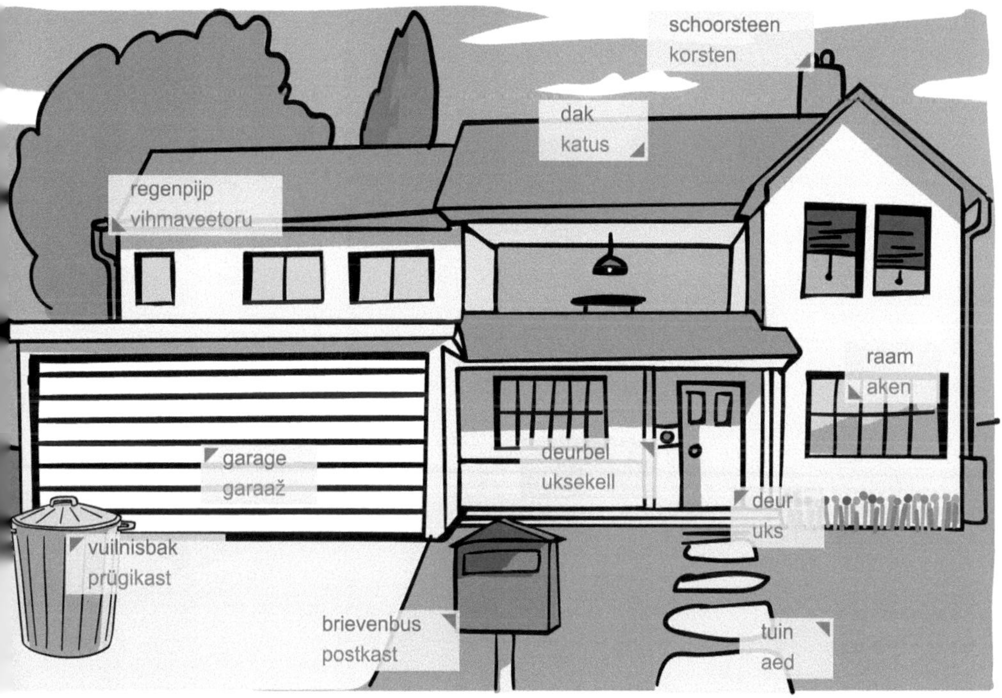

schoorsteen
korsten

dak
katus

regenpijp
vihmaveetoru

raam
aken

garage
garaaž

deurbel
uksekell

deur
uks

vuilnisbak
prügikast

brievenbus
postkast

tuin
aed

woonkamer
elutuba

badkamer
vannituba

keuken
köök

slaapkamer
magamistuba

kinderkamer
lastetuba

eetkamer
söögituba

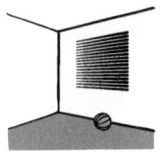

vloer

põrand

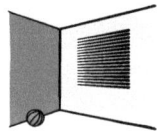

muur

sein

plafond

lagi

kelder

kelder

sauna

saun

balkon

rõdu

terras

terrass

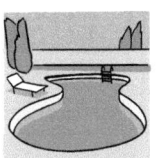

zwembad

bassein

grasmaaier

muruniiduk

dekbedovertrek

voodilina

dekbed

päevatekk

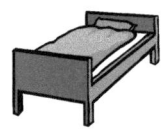

bed

voodi

bezem

luud

emmer

ämber

schakelaar

lüliti

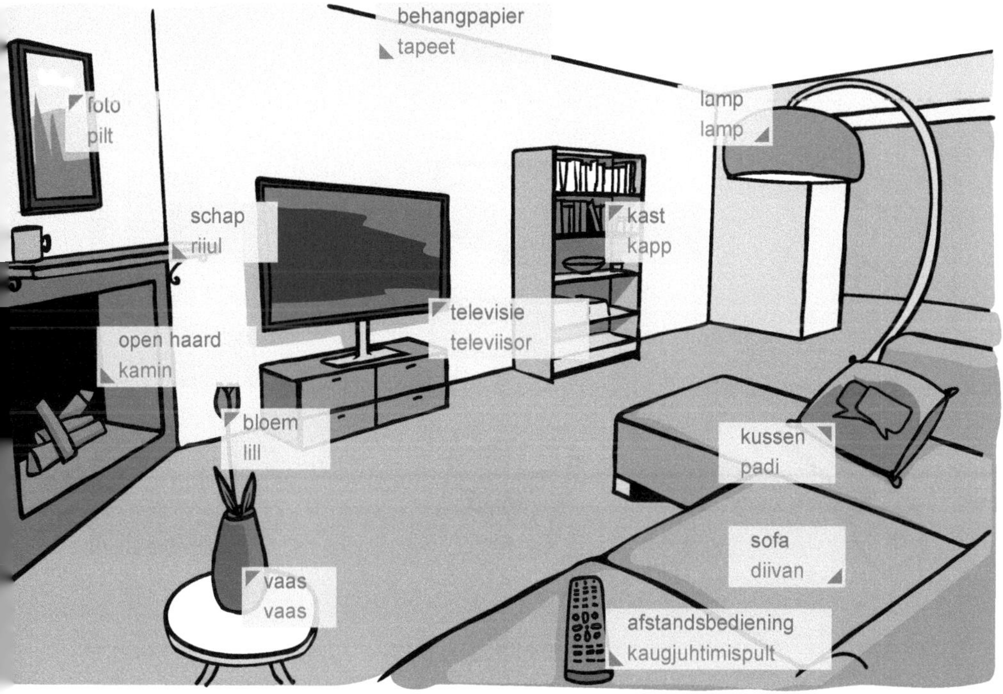

behangpapier
tapeet

foto
pilt

lamp
lamp

schap
riiul

kast
kapp

televisie
televiisor

open haard
kamin

bloem
lill

kussen
padi

sofa
diivan

vaas
vaas

afstandsbediening
kaugjuhtimispult

mat
vaip

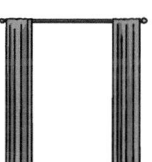

gordijn
kardin

tafel
laud

stoel
tool

schommelstoel
kiiktool

fauteuil
tugitool

boek

raamat

deken

tekk

decoratie

kaunistus

brandhout

küttepuud

film

film

stereo-installatie

helisüsteem

sleutel

võti

krant

ajaleht

schilderij

maal

poster

plakat

radio

raadio

notitieboekje

märkmik

stofzuiger

tolmuimeja

cactus

kaktus

kaars

küünal

keuken
köök

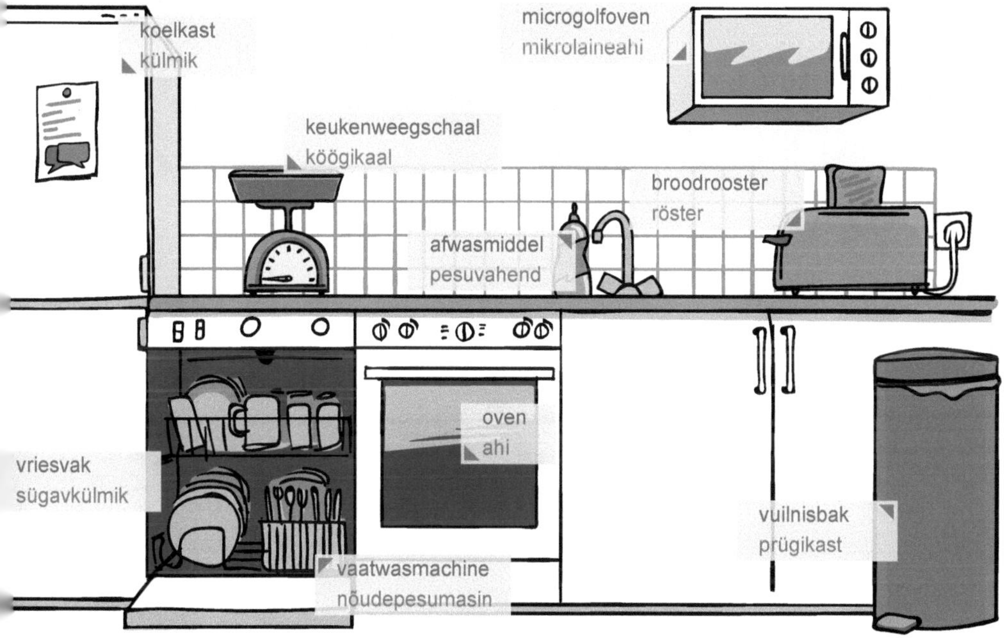
koelkast
külmik
microgolfoven
mikrolaineahi
keukenweegschaal
köögikaal
broodrooster
röster
afwasmiddel
pesuvahend
oven
ahi
vriesvak
sügavkülmik
vuilnisbak
prügikast
vaatwasmachine
nõudepesumasin

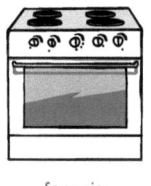

fornuis
pliit

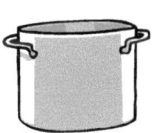

pot
pott

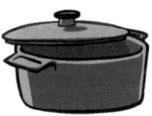

gietijzeren pot
malmpott

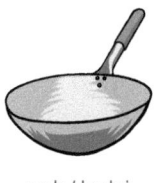

wok / kadai
vokkpann

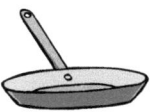

pan
pann

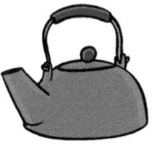

waterkoker
veekeetja

stoomkoker

aurutaja

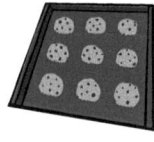

bakplaat

küpsetusplaat

servies

lauanõud

mok

kruus

kom

kauss

eetstokjes

söögipulgad

pollepel

kulp

spatel

pannilabidas

garde

vispel

vergiet

kurn

zeef

sõel

rasp

riiv

mortier

uhmer

barbecue

grill

haardvuur

lahtine tuli

snijplank

lõikelaud

deegrol

tainarull

kurkentrekker

korgitser

blik

konservipurk

blikopener

konserviavaja

pannenlap

pajakinnas

gootsteen

kraanikauss

borstel

hari

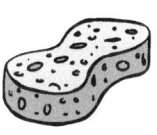

spons

pesukäsn

blender

kannmikser

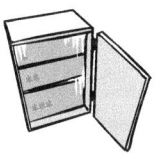

vriezer

sügavkülmuti

papfles

lutipudel

kraan

segisti

badkamer
vannituba

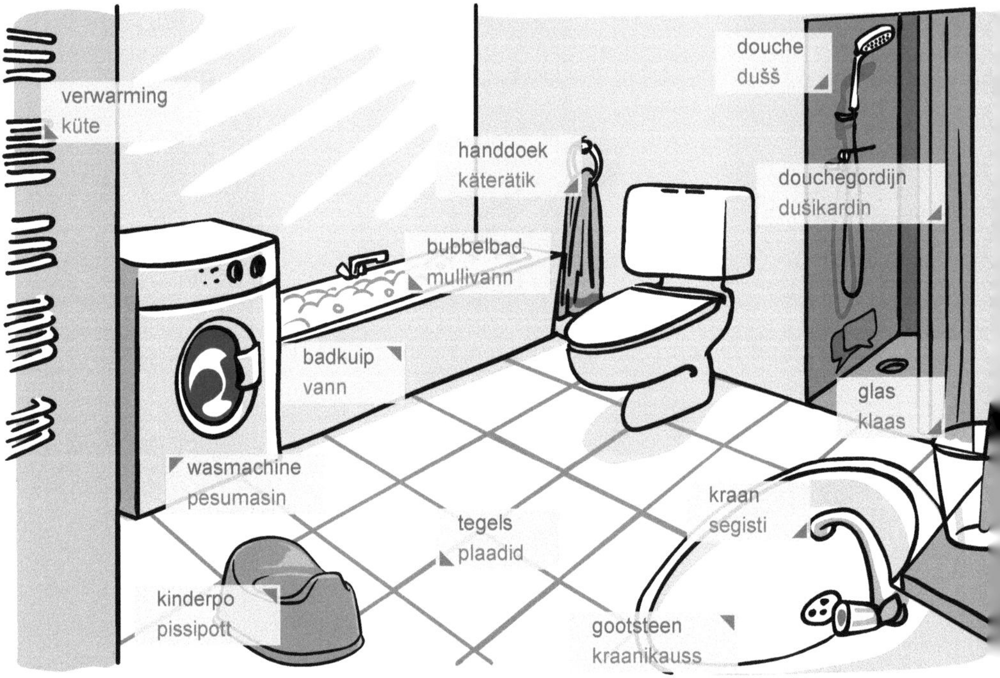

douche
dušš
verwarming
küte
handdoek
käterätik
douchegordijn
dušikardin
bubbelbad
mullivann
badkuip
vann
glas
klaas
wasmachine
pesumasin
kraan
segisti
tegels
plaadid
kinderpo
pissipott
gootsteen
kraanikauss

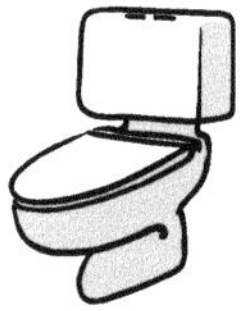

toilet

WC-pott

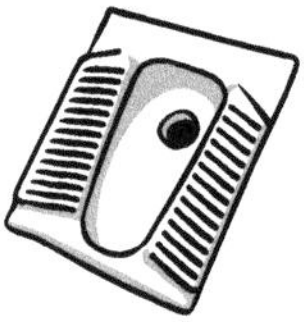

hurktoilet

kükitamistualett

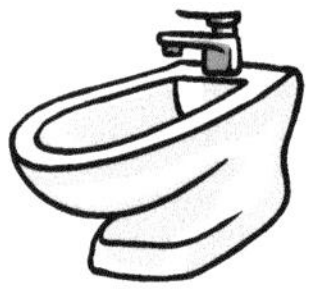

bidet

bidee

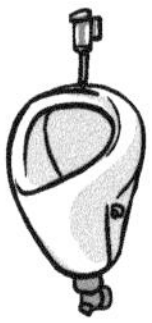

urinoir

pissuaar

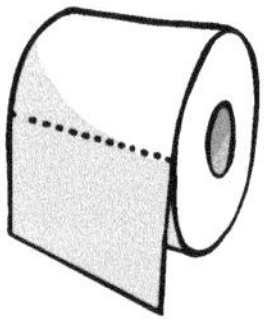

toiletpapier

tualettpaber

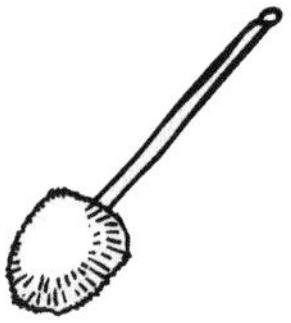

toiletborstel

WC-hari

tandenborstel

hambahari

tandpasta

hambapasta

flosdraad

hambaniit

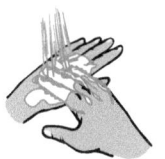

wassen

pesema

handdouche

käsidušš

bidethanddouche

intiimdušš

waskom

pesukauss

rugborstel

seljahari

zeep

seep

douchegel

dušigeel

shampoo

šampoon

washandje

vamm

afvoer

äravool

crème

kreem

deodorant

deodorant

spiegel

peegel

handspiegel

käsipeegel

scheermes

habemenuga

scheerschuim

raseerimisvaht

aftershave

habemevesi

kam

kamm

borstel

hari

haardroger

föön

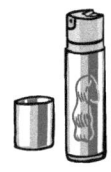

haarlak

juukselakk

make-up

meigikomplekt

lippenstift

huulepulk

nagellak

küünelakk

watten

vatt

nagelknipper

küünekäärid

parfum

parfüüm

toilettas
tualett-tarvete kott

kruk
taburet

weegschaal
kaal

badjas
hommikumantel

latex handschoenen
kummikindad

tampon
tampoon

maandverband
hügieeniside

chemisch toilet
keemiline tualett

kinderkamer
lastetuba

wekker
äratuskell
knuffel
pehme mänguasi
speelgoedauto
mänguauto
rammelaar
kõristi
poppenhuis
nukumaja
geschenk
kingitus

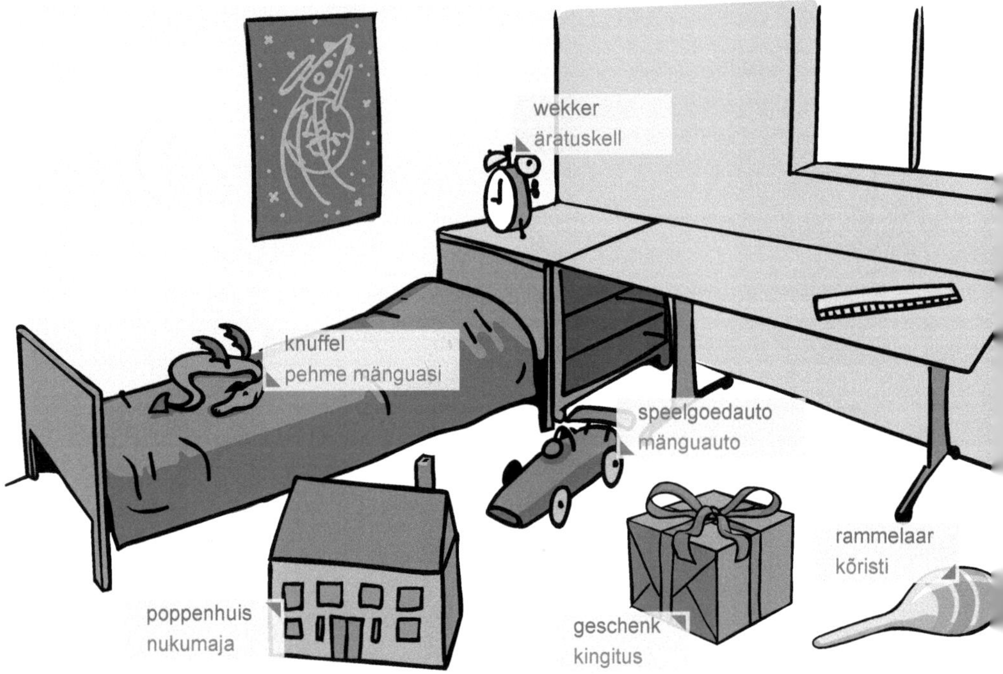

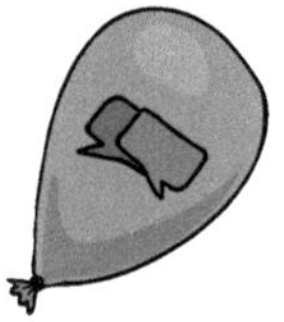

ballon
õhupall

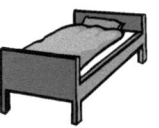

bed
voodi

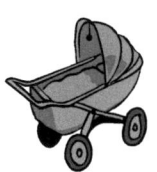

kinderwagen
lapsevanker

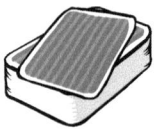

spel kaarten
kaardipakk

puzzel
pusle

SUPER
MEGA

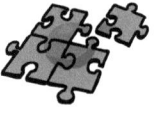

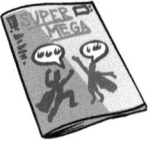

stripboek
koomiks

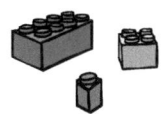

legoblokjes

Lego klotsid

blokken

klotsid

actiefiguur

kujuke

kruippakje

siputuspüksid

frisbee

lendav taldrik

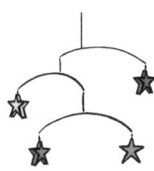

mobiel

voodikarussell

bordspel

lauamäng

dobbelsteen

täringud

modelspoorweg

mudelrong

fopspeen

lutt

feest

pidu

prentenboek

pildiraamat

bal

pall

pop

nukk

spelen

mängima

zandbak

liivakast

schommel

kiik

speelgoed

mänguasjad

spelconsole

mängukonsool

driewieler

kolmerattaline jalgratas

knuffelbeer

mängukaru

kleerkast

riidekapp

kleding
riietus

sokken

sokid

kousen

sukad

maillot

sukkpüksid

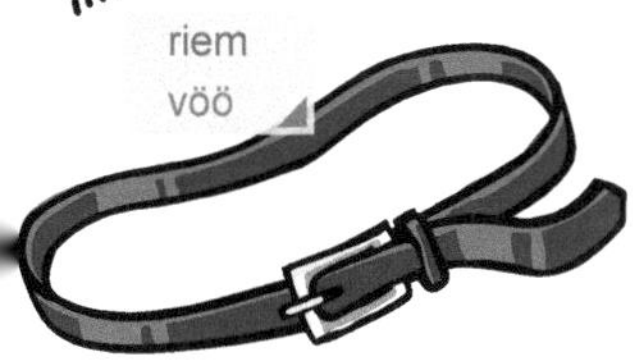

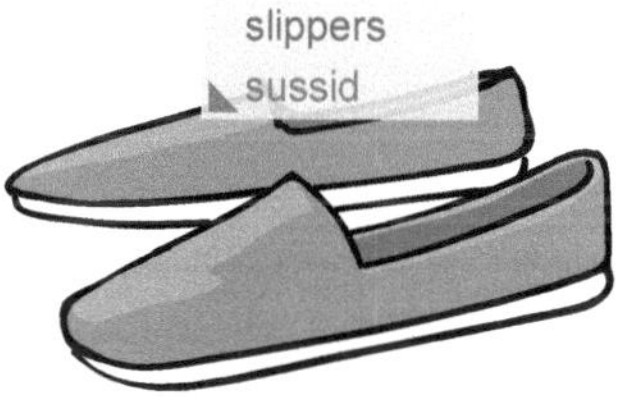

sjaal
sall

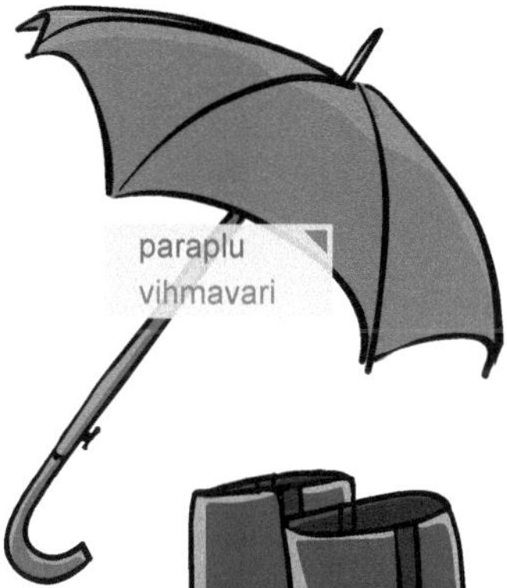

paraplu
vihmavari

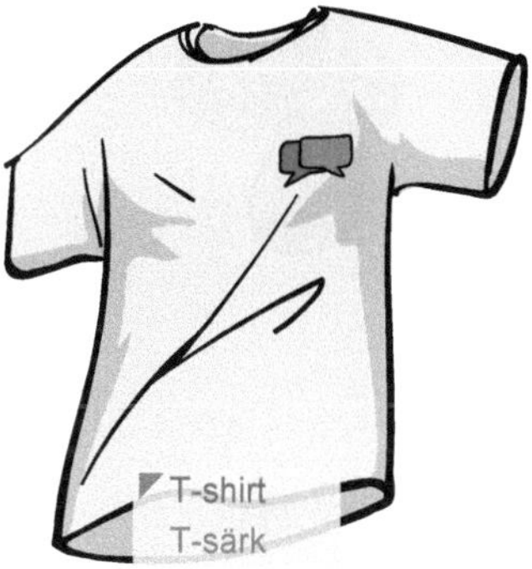

riem
vöö

T-shirt
T-särk

laarzen
saapad

slippers
sussid

sneakers
tossud

sandalen
sandaalid

schoenen
jalatsid

rubberlaarzen
kummikud

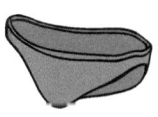

onderbroek
aluspüksid

beha
rinnahoidja

onderhemd
vest

lichaam
bodi

broek
püksid

jeans
teksapüksid

rok
seelik

blouse
pluus

hemd
särk

trui
sviiter

capuchontrui
dressipluus

blazer
bleiser

jas
jakk

jas
mantel

regenjas
vihmamantel

kostuum
kostüüm

jurk
kleit

trouwjurk
pulmakleit

pak

ülikond

nachthemd

öösärk

pyjama

pidžaama

sari

sari

hoofddoek

pearätt

tulband

turban

boerka

burka

kaftan

kaftan

abaya

abayah

badpak

ujumistrikoo

zwembroek

ujumispüksid

short

lühikesed püksid

trainingspak

dressid

schort

põll

handschoenen

kindad

knoop

nööp

bril

prillid

armband

käevõru

ketting

kaelakee

ring

sõrmus

oorbel

kõrvarõngas

pet

nokamüts

kapstok

riidepuu

hoed

kaabu

das

lips

rits

tõmblukk

helm

kiiver

bretellen

traksid

schooluniform

koolivorm

uniform

vormirõivad

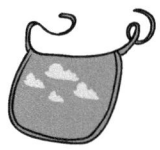

slabbetje

pudipõll

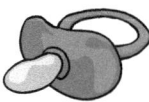

fopspeen

lutt

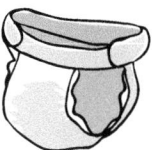

luier

mähe

kantoor

kontor

server
server
dossierkast
arhiivikapp
printer
printer
papier
paber
monitor
monitor
muis
hiir
bureau
kirjutuslaud
map
kaust
toestenbord
klaviatuur
papiermand
paberikorv
computer
arvuti
stoel
tool

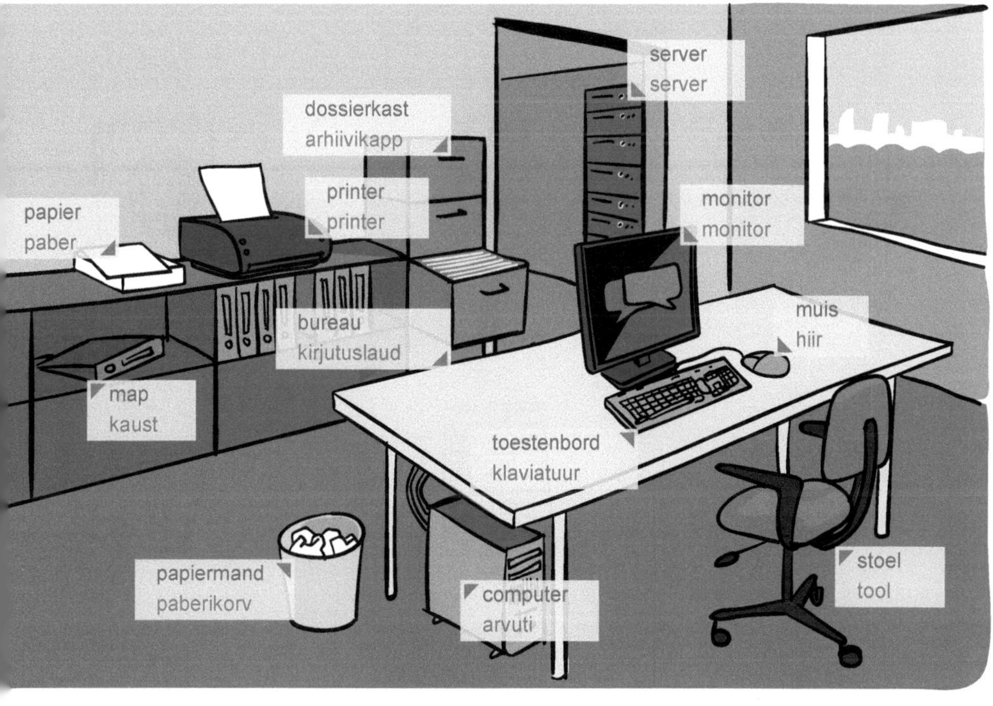

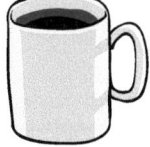

koffiemok

kohvikruus

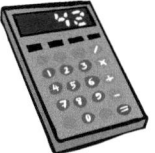

rekenmachine

kalkulaator

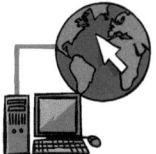

internet

internet

laptop

süllearvuti

brief

kiri

bericht

sõnum

gsm

mobiiltelefon

netwerk

võrk

kopieerapparaat

koopiamasin

software

tarkvara

telefoon

telefon

stopcontact

pistikupesa

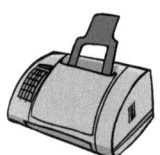

fax

faksimasin

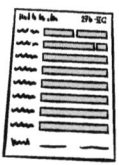

formulier

vorm

document

dokument

kopen

ostma

betalen

maksma

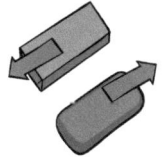

handelen

vahetama

geld

raha

dollar

dollar

euro

euro

yen

jeen

roebel

rubla

Zwitserse frank

Šveitsi frank

Chinese renminbi

renminbi jüaan

roepie

ruupia

geldautomaat

sularahaautomaat

wisselkantoor
valuutavahetuspunkt

goud
kuld

zilver
hõbe

olie
nafta

energie
energia

prijs
hind

contract
leping

belasting
maks

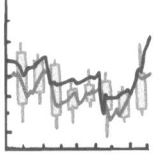

aandeel
aktsia

werken
töötama

werknemer
töötaja

werkgever
tööandja

fabriek
tehas

winkel
kauplus

beroepen
ametid

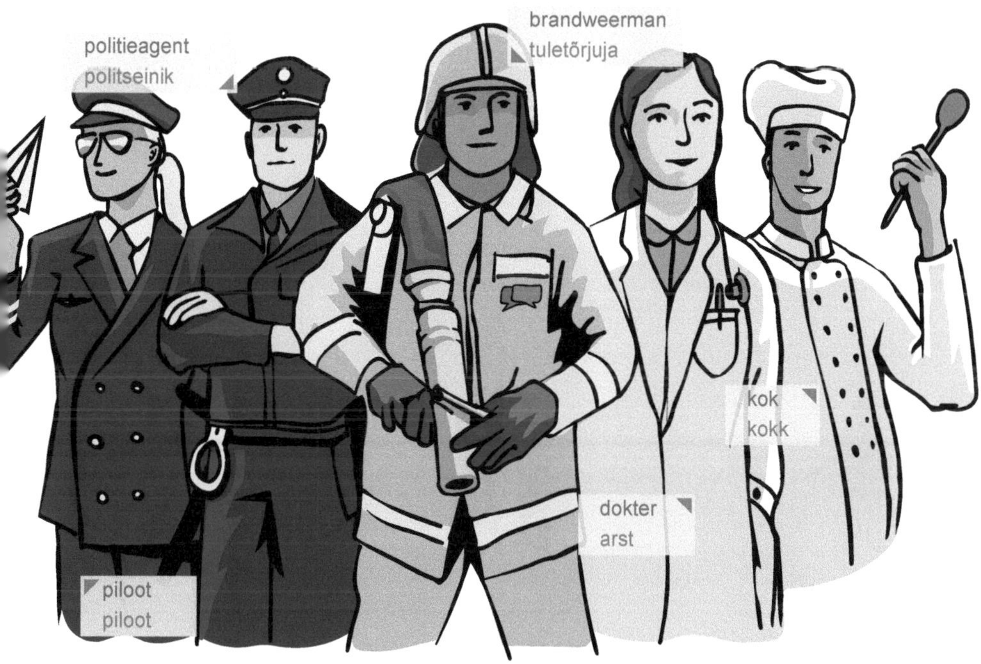
politieagent
politseinik
brandweerman
tuletõrjuja
kok
kokk
dokter
arst
piloot
piloot

tuinman
aednik

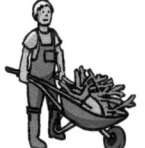

timmerman
puusepp

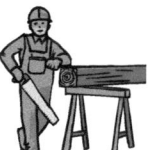

naaister
õmbleja

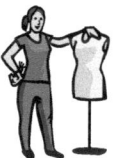

rechter
kohtunik

chemicus
keemik

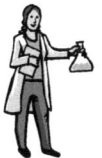

acteur
näitleja

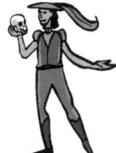

buschauffeur
bussijuht

taxichauffeur
taksojuht

visser
kalamees

schoonmaakster
koristaja

dakdekker
katusepaigaldaja

ober
kelner

jager
jahimees

schilder
maaler

bakker
pagar

elektricien
elektrik

bouwvakker
ehitaja

ingenieur
insener

slager
lihunik

loodgieter
torumees

postbode
postiljon

soldaat

sõdur

architect

arhitekt

kassier

kassapidaja

bloemist

lillemüüja

kapper

juuksur

conducteur

piletikontrolör

mecanicien

mehaanik

kapitein

kapten

tandarts

hambaarst

wetenschapper

teadlane

rabbijn

rabi

imam

imaam

monnik

munk

geestelijke

preester

werktuigen
tööriistad

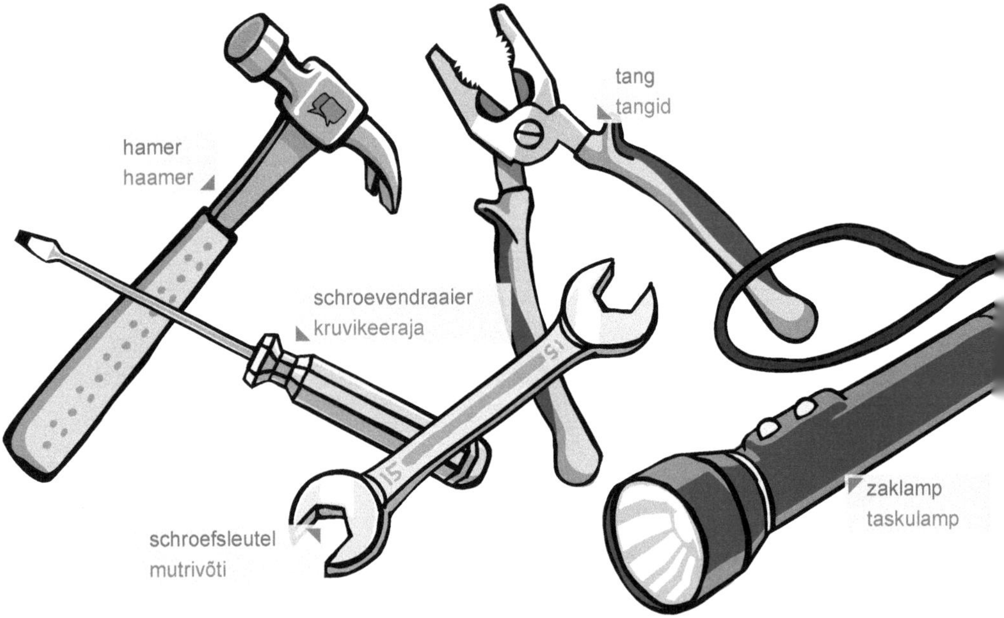
tang
tangid
hamer
haamer
schroevendraaier
kruvikeeraja
zaklamp
taskulamp
schroefsleutel
mutrivõti

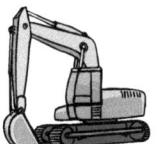

graafmachine

ekskavaator

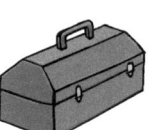

gereedschapskoffer

tööriistakast

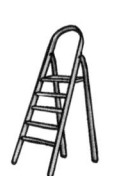

ladder

redel

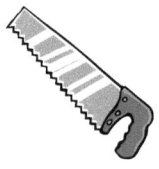

zaag

saag

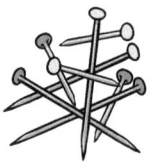

spijkers

naelad

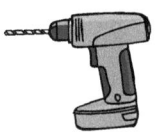

boormachine

trell

repareren
parandama

schop
labidas

Verdomme!
Põrgusse!

blik
kühvel

verfpot
värvipott

schroeven
kruvid

muziekinstrumenten
pillid

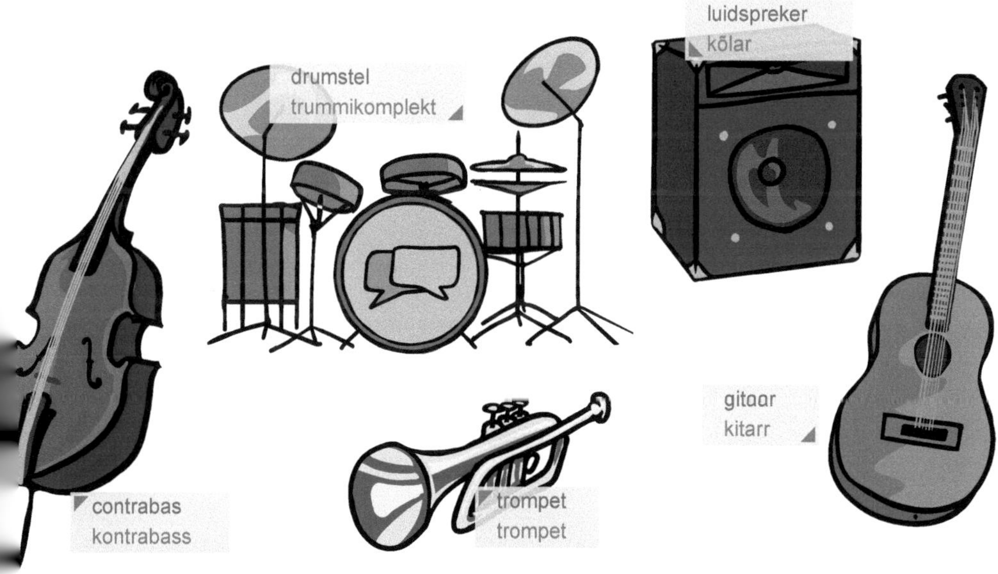

luidspreker
kõlar

drumstel
trummikomplekt

gitaar
kitarr

contrabas
kontrabass

trompet
trompet

piano
klaver

viool
viiul

basgitaar
bass

pauk
timpan

trommels
trummid

keyboard
süntesaator

saxofoon
saksofon

fluit
flööt

microfoon
mikrofon

zoo
loomaaed

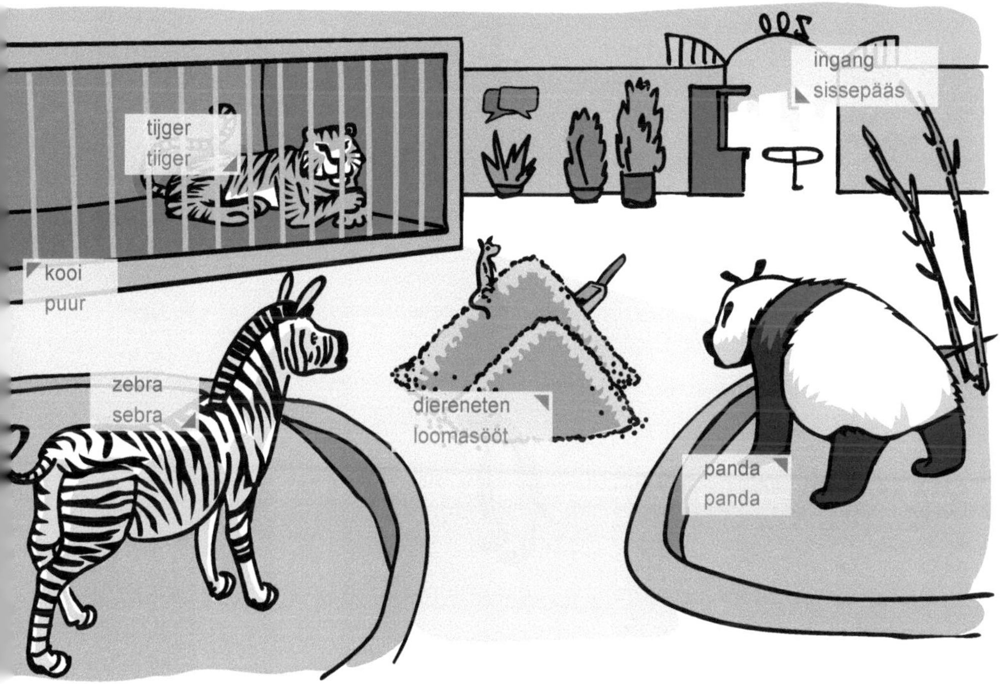
ingang
sissepääs
tijger
tiiger
kooi
puur
zebra
sebra
diereneten
loomasööt
panda
panda

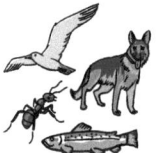

dieren

loomad

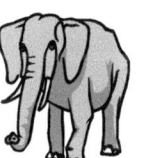

olifant

elevant

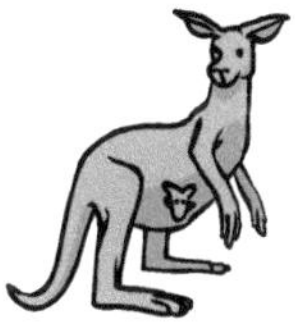

kangoeroe

känguru

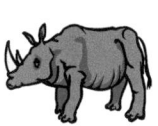

neushoorn

ninasarvik

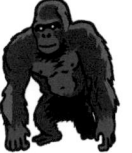

gorilla

gorilla

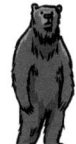

beer

karu

kameel
kaamel

struisvogel
jaanalind

leeuw
lõvi

aap
ahv

flamingo
flamingo

papegaai
papagoi

ijsbeer
jääkaru

pinguïn
pingviin

haai
hai

pauw
paabulind

slang
madu

krokodil
krokodill

dierenverzorger
loomaaiatalitaja

zeehond
hüljes

jaguar
jaaguar

zoo - loomaaed

pony
poni

luipaard
leopard

nijlpaard
jõehobu

giraffe
kaelkirjak

adelaar
kotkas

wild zwijn
metssiga

vis
kala

zeeschildpad
kilpkonn

walrus
morsk

vos
rebane

gazelle
gasell

rugby
Ameerika jalgpall

wielrennen
jalgrattasõit

tennis
tennis

basketbal
korvpall

zwemmen
ujumine

ijshockey
jäähoki

boksen
poksimine

voetbal
jalgpall

badminton
sulgpall

atletiek
kergejõustik

handbal
käsipall

skiën
suusatamine

polo
polo

activiteiten
tegevused

lachen
naerma
springen
hüppama
knuffelen
kallistama
wandelen
jalutama
zingen
laulma
dromen
unistama
bidden
palvetama
kussen
suudlema

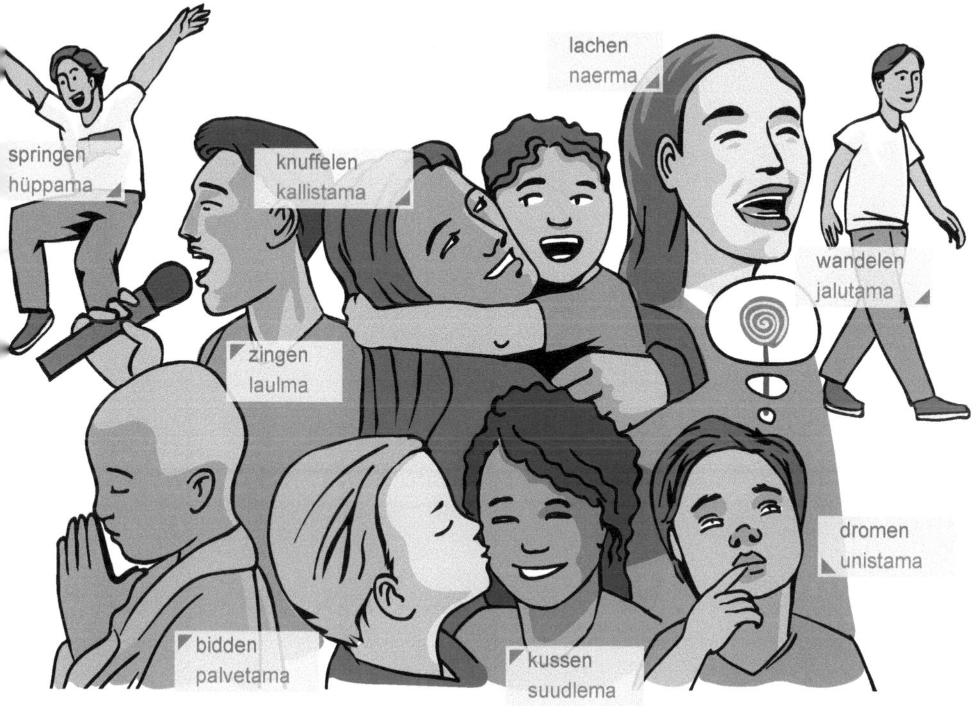

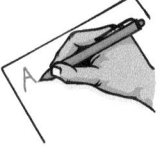

schrijven

kirjutama

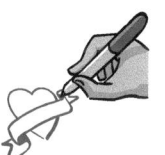

tekenen

joonistama

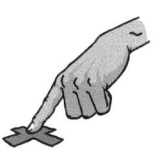

tonen

näitama

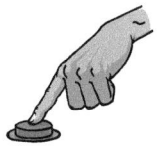

duwen

lükkama

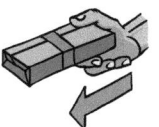

geven

andma

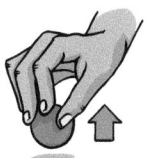

nemen

võtma

hebben
omama

doen
tegema

zijn
olema

staan
seisma

lopen
jooksma

trekken
tõmbama

gooien
viskama

vallen
kukkuma

liggen
lamama

wachten
ootama

dragen
kandma

zitten
istuma

aankleden
riidesse panema

slapen
magama

ontwaken
ärkama

kijken naar

vaatama

wenen

nutma

aaien

paitama

kammen

kammima

praten

rääkima

begrijpen

aru saama

vragen

küsima

luisteren

kuulama

drinken

jooma

eten

sööma

opruimen

korrastama

houden van

armastama

koken

süüa tegema

rijden

sõitma

vliegen

lendama

zeilen

purjetama

rekenen

arvutama

Lezen

lugema

leren

õppima

werken

töötama

trouwen

abielluma

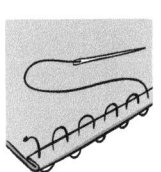

naaien

õmblema

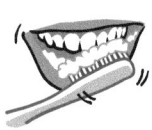

tandenpoetsen

hambaid pesema

doden

tapma

roken

suitsetama

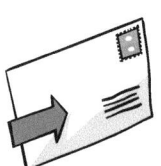

sturen

saatma

familie
perekond

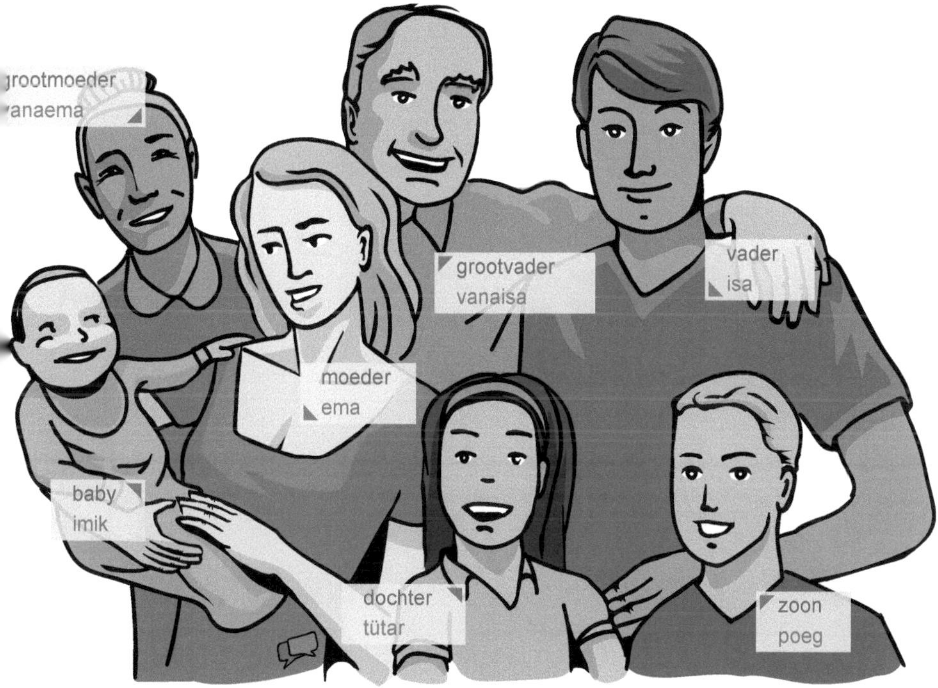
grootmoeder
vanaema
grootvader
vanaisa
vader
isa
moeder
ema
baby
imik
dochter
tütar
zoon
poeg

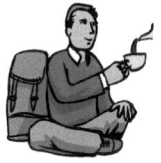

gast
külaline

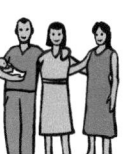

tante
tädi

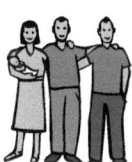

oom
onu

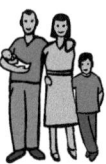

broer
vend

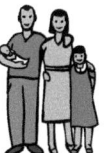

zus
õde

lichaam

keha

voorhoofd
otsmik
oog
silm
schouder
õlg
vinger
sõrm
gezicht
nägu
kin
lõug
hand
käsi
been
jalg
borst
rind
arm
käsivars

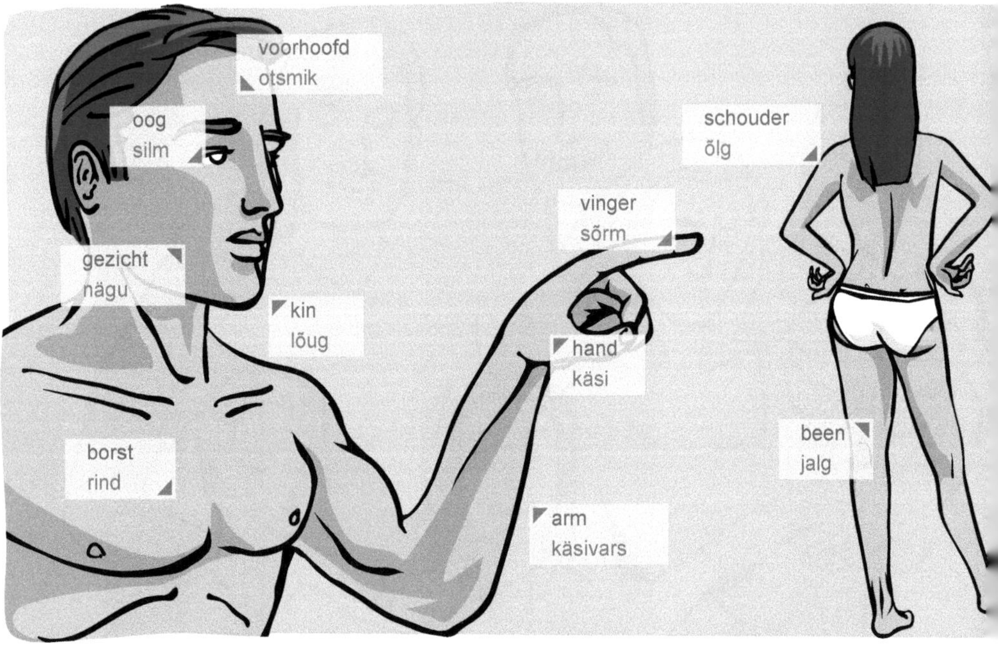

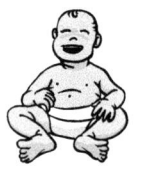

baby
imik

man
mees

vrouw
naine

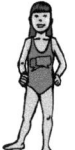

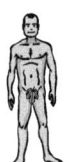

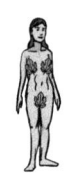

meisje
tüdruk

jongen
poiss

hoofd
pea

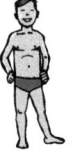

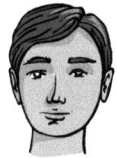

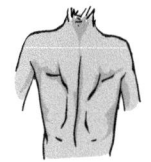

rug
selg

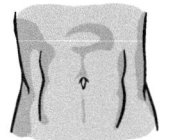

buik
kõht

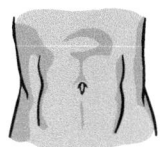

navel
naba

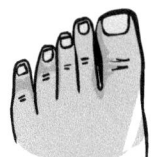

teen
varvas

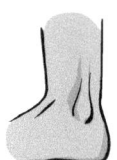

hiel
kand

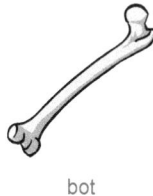

bot
luu

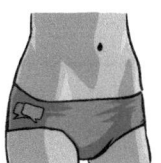

heup
puus

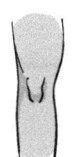

knie
põlv

elleboog
küünarnukk

neus
nina

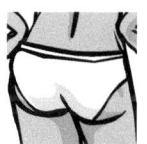

zitvlak
tagumik

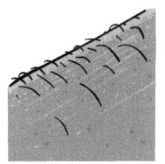

huid
nahk

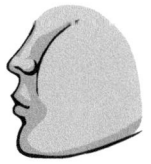

wang
põsk

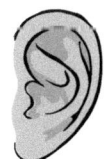

oor
kõrv

lip
huuled

mond
suu

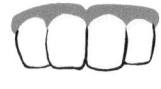

tand
hammas

tong
keel

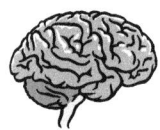

hersenen
aju

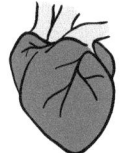

hart
süda

spier
lihas

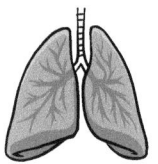

long
kops

lever
maks

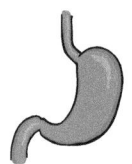

maag
magu

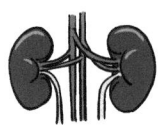

nieren
neerud

seks
seksuaalvahekord

condoom
kondoom

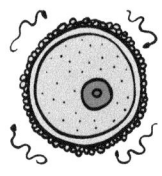

eicel
munarakk

sperma
sperma

zwangerschap
rasedus

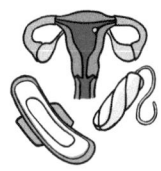

menstruatie
....
menstruatsioon

vagina
....
vagiina

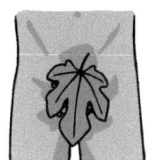

penis
....
peenis

wenkbrauw
....
kulm

haar
....
juuksed

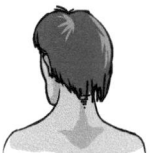

nek
....
kael

ziekenhuis
haigla

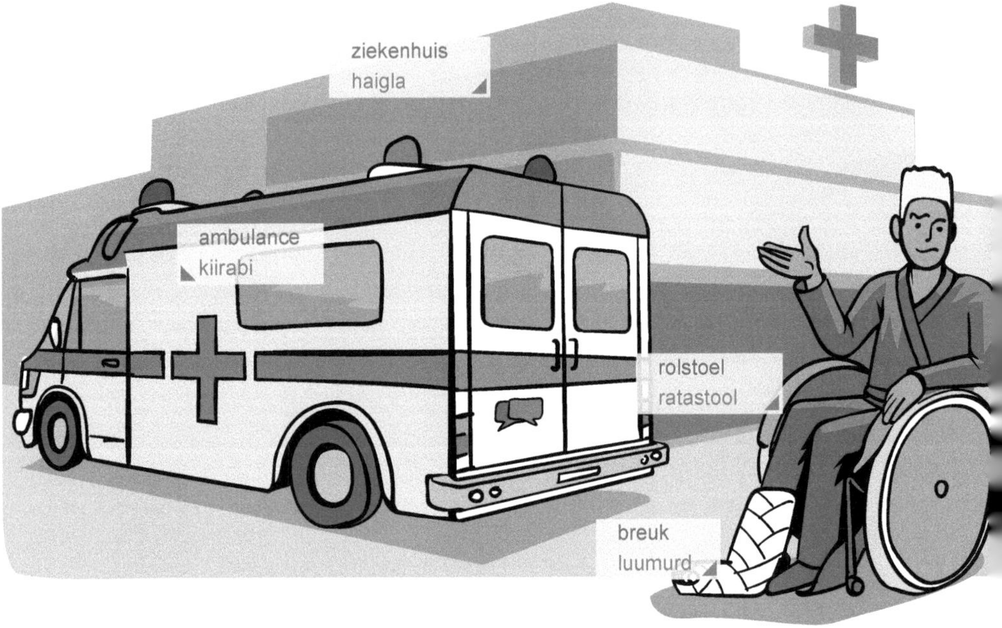

ziekenhuis
haigla
ambulance
kiirabi
rolstoel
ratastool
breuk
luumurd

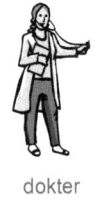

dokter
arst

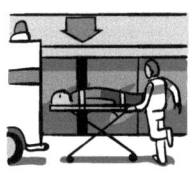

spoed
traumapunkt

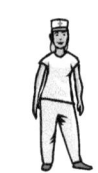

verpleegkundige
meditsiiniõde

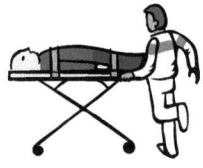

noodgeval
hädaolukord

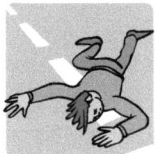

bewusteloos
teadvuseta

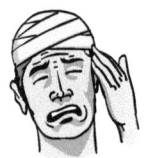

pijn
valu

verwonding
vigastus

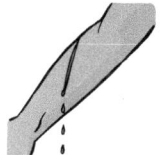

bloeding
verejooks

hartaanval
südamerabandus

beroerte
insult

allergie
allergia

hoest
köha

koorts
palavik

griep
gripp

diarree
kõhulahtisus

hoofdpijn
peavalu

kanker
vähk

diabetes
diabeet

chirurg
kirurg

scalpel
skalpell

operatie
operatsioon

CT

KT

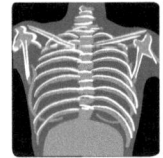

röntgenstraal

röntgen

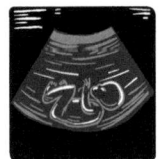

ultrageluid

ultraheli

gezichtsmasker

mask

ziekte

haigus

wachtkamer

ooteruum

kruk

kark

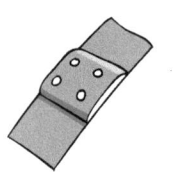

pleister

kips

verband

side

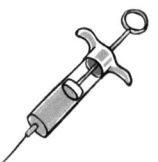

injectie

süst

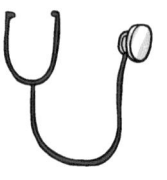

stethoscoop

stetoskoop

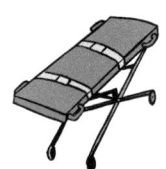

brancard

kanderaam

thermometer

kraadiklaas

geboorte

sünd

overgewicht

ülekaaluline

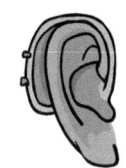

hoorapparaat
kuuldeaparaat

ontsmettingsmiddel
desinfektsioonivahend

infectie
põletik

virus
viirus

HIV / AIDS
HIV / AIDS

medicijn
meditsiin

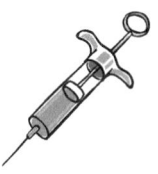

vaccinatie
vaktsineerimine

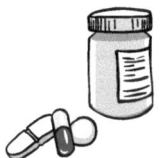

tabletten
tabletid

pil
pill

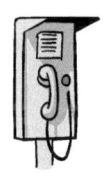

noodoproep
hädaabikõne

bloeddrukmeter
vererõhuaparaat

ziek / gezond
haige / terve

Help! Appi!	 alarm häire	 overval kallaletung
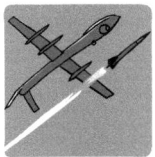 aanval rünnak	 gevaar oht	 nooduitgang avariiväljapääs
Brand! Tulekahju!	 brandblusser tulekustuti	 ongeval õnnetus
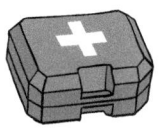 EHBO-kit esmaabikomplekt	 SOS SOS	 politie politsei

Europa

Euroopa

Noord-Amerika

Põhja-Ameerika

Zuid-Amerika

Lõuna-Ameerika

Afrika

Aafrika

Azië

Aasia

Australië

Austraalia

Atlantische Oceaan

Atlandi ookean

Stille Oceaan

Vaikne ookean

Indische Oceaan

India ookean

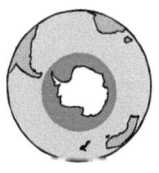

ntarctische Oceaan

Lõuna-Jäämeri

Arctische Oceaan

Põhja-Jäämeri

Noordpool

põhjapoolus

Zuidpool

lõunapoolus

Antarctica

Antarktika

aarde

Maa

land

maismaa

zee

meri

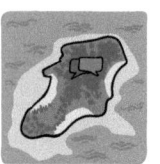

eiland

saar

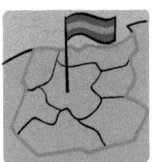

natie

rahvus

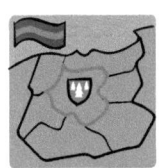

staat

riik

wijzerplaat
sihverplaat

uurwijzer
tunniosuti

minuutwijzer
minutiosuti

secondewijzer
sekundiosuti

Hoe laat is het?
Mis kell on?

dag
päev

tijd
aeg

nu
praegu

digitale horloge
digitaalne kell

minuut
minut

uur
tund

week
nädal

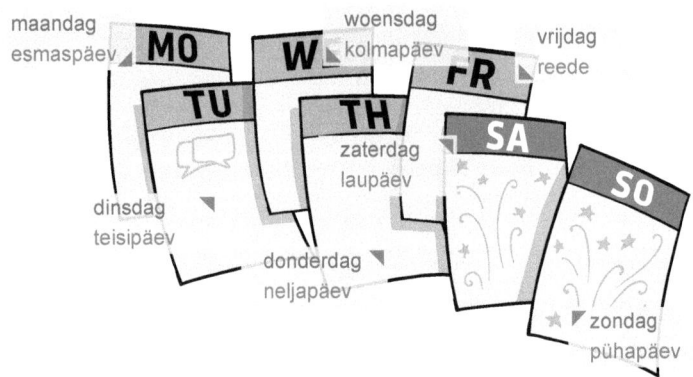

maandag / esmaspäev — MO
dinsdag / teisipäev — TU
woensdag / kolmapäev — W
donderdag / neljapäev — TH
zaterdag / laupäev — SA
vrijdag / reede — FR
zondag / pühapäev — SO

gisteren
eile

vandaag
täna

morgen
homme

ochtend
hommik

middag
lõuna

avond
õhtu

werkdagen
tööpäevad

weekend
nädalavahetus

jaar
aasta

regen
vihm
regenboog
vikerkaar
sneeuw
lumi
wind
tuul
lente
kevad
herfst
sügis
zomer
suvi
winter
talv

4.APRIL 11°
5.APRIL 4°
6.APRIL 13°
7.APRIL 8°
8.APRIL 10°

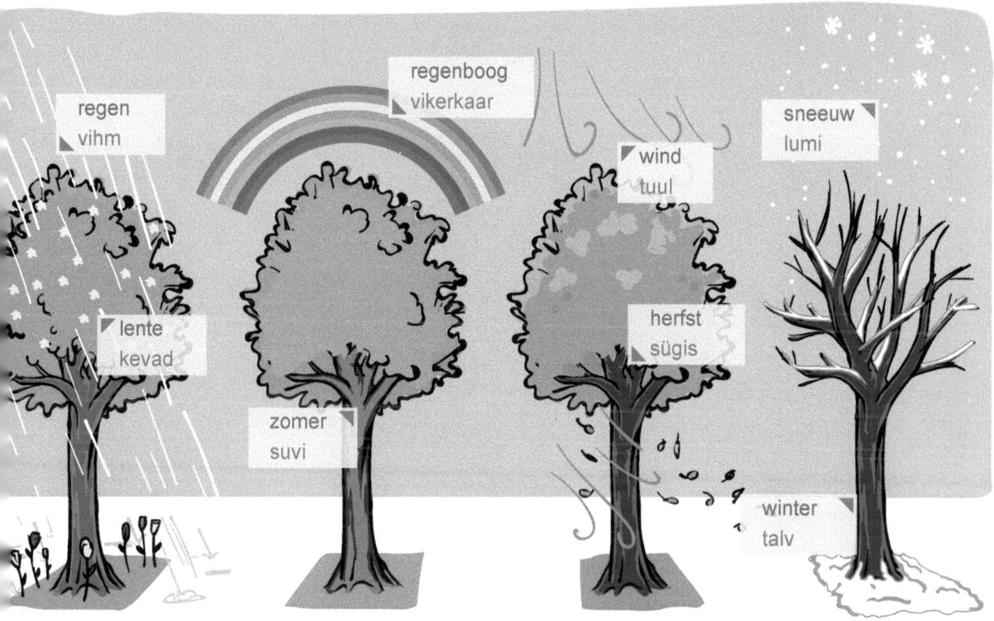

weervoorspelling
ilmaennustus

F C
120 40
90 30
60 20
30 10
0 0
-30 -10
-20

thermometer
termomeeter

zonneschijn
päikesepaiste

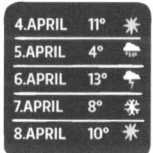

wolk
pilv

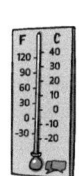

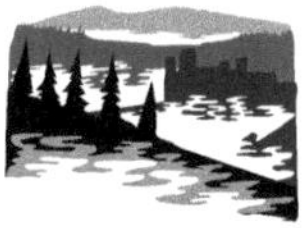

mist
udu

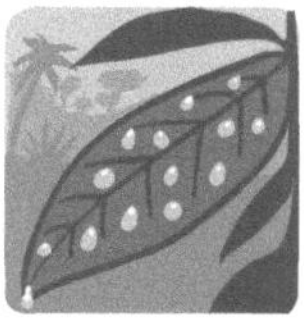

vochtigheid
niiskus

bliksem

pikne

donder

kõu

storm

torm

hagel

rahe

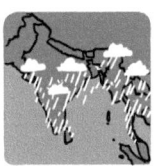

moesson

mussoon

overstroming

üleujutus

ijs

jää

januari

jaanuar

februari

veebruar

maart

märts

april

aprill

mei

mai

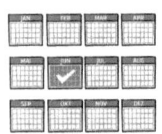

juni

juuni

juli

juuli

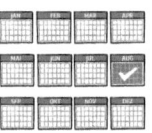

augustus

august

september
september

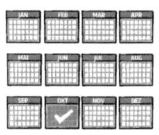

oktober
oktoober

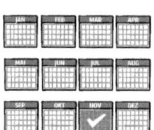

november
november

december
detsember

vormen
kujundid

cirkel
ring

kwadraat
ruut

rechthoek
nelinurk

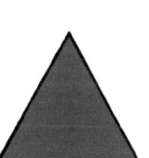

driehoek
kolmnurk

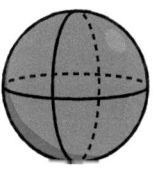

bol
kera

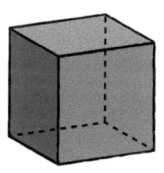

kubus
kuup

wit

valge

geel

kollane

oranje

oranž

roze

roosa

rood

punane

paars

lilla

blauw

sinine

groen

roheline

bruin

pruun

grijs

hall

zwart

must

veel / weinig

palju / vähe

boos / kalm

vihane / rahulik

mooi / lelijk

ilus / inetu

begin / einde

algus / lõpp

groot / klein

suur / väike

licht / donker

hele / tume

broer / zus

vend / õde

proper / vuil

puhas / must

volledig / onvolledig

täielik / puudulik

dag / nacht

päev / öö

dood / levend

surnud / elus

breed / smal

lai / kitsas

eetbaar / oneetbaar
....
söödav / mittesöödav

kwaadaardig / vriendelijk
....
kuri / sõbralik

opgewonden / verveeld
põnevil / tüdinud

dik / dun
....
paks / peenike

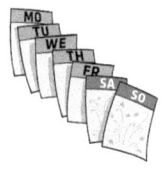

eerst / laatst
....
esimene / viimane

vriend / vijand
....
sõber / vaenlane

vol / leeg
....
täis / tühi

hard / zacht
....
kõva / pehme

zwaar / licht
....
raske / kerge

honger / dorst
....
nälg / janu

ziek / gezond
....
haige / terve

illegaal / legaal
....
ebaseaduslik / seaduslik

intelligent / dom
....
tark / rumal

links / rechts
....
vasak / parem

dichtbij / veraf
....
lähedal / kaugel

nieuw / gebruikt
uus / kasutatud

niets / iets
mitte midagi / midagi

oud / jong
vana / noor

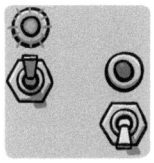

aan / uit
sees / väljas

open / dicht
lahti / kinni

stil / luid
vaikne / vali

rijk / arm
rikas / vaene

juist / fout
õige / vale

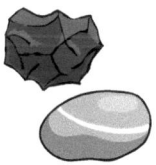

ruw / glad
kare / sile

droevig / blij
kurb / rõõmus

kort / lang
lühike / pikk

traag / snel
aeglane / kiire

nat / droog
märg / kuiv

warm / koud
soe / jahe

oorlog / vrede
sõda / rahu

0

nul
null

1

één
üks

2

twee
kaks

3

drie
kolm

4

vier
neli

5

vijf
viis

6

zes
kuus

7

zeven
seitse

8

acht
kaheksa

9

negen
üheksa

10

tien
kümme

11

elf
üksteist

12	**13**	**14**
twaalf	dertien	veertien
kaksteist	kolmteist	neliteist

15	**16**	**17**
vijftien	zestien	zeventien
viisteist	kuusteist	seitseteist

18	**19**	**20**
achtien	negentien	twintig
kaheksateist	üheksateist	kakskümmend

100	**1.000**	**1.000.000**
honderd	duizend	miljoen
sada	tuhat	miljon

Engels

inglise

Amerikaans Engels

Ameerika inglise

Chinees (Mandarijn)

mandariini

Hindi

hindi

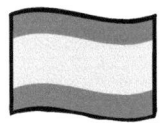

Spaans

hispaania

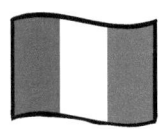

Frans

prantsuse

Arabisch

araabia

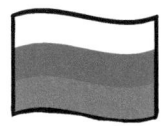

Russisch

vene

Portugees

portugali

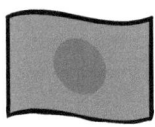

Bengali

bengali

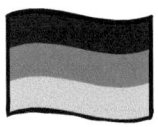

Duits

saksa

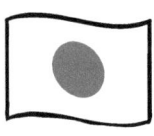

Japans

jaapani

ik

mina

u

sina

hij / zij / het

tema

wij

meie

u

teie

ze

nemad

wie?

kes?

wat?

mis?

hoe?

kuidas?

waar?

kus?

wanneer?

millal?

naam

nimi

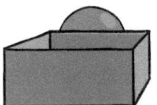

achter

taga

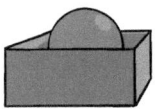

in

sees

voor

ees

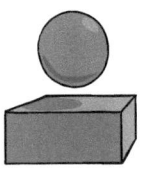

boven

kohal

op

peal

onder

all

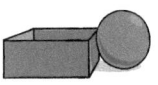

naast

kõrval

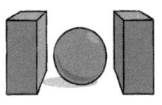

tussen

vahel

plaats

koht